I0503596

El
Canto de la
Naturaleza

Perek Shirah

David Klein

Copyright © 2019 David Klein

All rights reserved.

'PEREK SHIRA' ES UNA COLECCIÓN DE VERSOS SELECCIONADOS DE LOS SALMOS Y OTRAS FUENTES, DONDE TODA LA CREACIÓN ESTÁ ALABANDO A DI-S.

HAY UNA 'SEGULA' CONOCIDA, O PRÁCTICA BENEFICIOSA, QUE CUANDO DICES PEREK SHIRA DURANTE 40 DÍAS SEGUIDOS, VES GRANDES MILAGROS. HACE SIETE AÑOS, CUANDO ESTÁBAMOS EN MEDIO DE TODAS NUESTRAS PRUEBAS Y TRIBULACIONES RELACIONADAS CON LA BANCARROTA Y LA NECESIDAD DE VENDER NUESTRA PRIMERA CASA, DIJE PEREK SHIRA DURANTE 40 DÍAS SEGUIDOS, SIGUIENDO EL CONSEJO DE UNO DE MIS AMIGOS. EN EL SABER.

"¡VERÁS GRANDES MILAGROS!" ELLA ME DIJO. "PERO TIENES QUE CONTARLES A TODOS SOBRE LAS SALVACIONES QUE OBTIENES, ¡PARA QUE MÁS PERSONAS SE ANIMEN A HACERLO!"

TENGO QUE DECIR QUE FUE MUY DIFÍCIL. LO DIJE EN INGLÉS, YA QUE TENÍA HEBREO INEXISTENTE EN ESE

MOMENTO, Y PARECÍA SER UNA DE LAS MEDIAS HORAS MÁS TEDIOSAS QUE PASÉ EN MI VIDA.

¿A QUIÉN LE IMPORTABA, EN REALIDAD, QUÉ DECÍAN LAS RANAS, QUÉ DECÍAN LAS RATAS O QUÉ LE DECÍAN LAS VERDURAS A DI-S? (ESTO FUE JUSTO AL COMIENZO DE MI ETAPA DE 'EMUNÁ', CUANDO ESTABA BASTANTE CANSADO Y CÍNICO SOBRE CASI TODO LO RELACIONADO CON LA ORACIÓN).

PARA TRATAR DE AYUDARME A "METERME EN ESO", COMPRÉ UN LIBRO PARA EXPLICAR UN POCO MÁS DE LO QUE ESTABA SUCEDIENDO, Y MÁS DE LAS IDEAS MÁS PROFUNDAS DETRÁS DE ESTO. ERA UN BUEN LIBRO, Y DEFINITIVAMENTE AYUDÓ. PERO TODAVÍA ERA DIFÍCIL DECIRLO TODOS LOS DÍAS. SEGUÍ ADELANTE, PORQUE LE ESTABA PIDIENDO A DI-S UN MILAGRO FINANCIERO MASIVO, Y ESO FUE SUFICIENTE PARA SEGUIR LEYENDO A PEREK SHIRA DURANTE UN MES Y MEDIO.

EL DÍA 39, RECIBIMOS UN CORREO ELECTRÓNICO DE LAS PERSONAS QUE COMPRABAN NUESTRA CASA, DICIÉNDONOS QUE ESTABAN EJERCIENDO SU 'OPCIÓN' DE PEDIRNOS QUE NOS FUÉRAMOS ANTES DE LO ACORDADO, YA QUE HABÍAN LOGRADO VENDER SU CASA. AL MOMENTO DE ACORDAR ESA OPCIÓN, NO TENÍAMOS A DÓNDE IR, POR LO QUE ESTÁBAMOS FELICES DE SER FLEXIBLES. SEIS MESES DESPUÉS, HABÍAMOS FIRMADO EN UNA CASA DIFERENTE QUE SOLO ESTARÍA LISTA EN OTROS CUATRO MESES, Y MIENTRAS TANTO, AHORA TENÍAMOS UN MES PARA SALIR.

TENGO QUE DECIR QUE ESTABA BASTANTE PERPLEJO POR EL "MILAGRO" QUE DI-S HABÍA HECHO POR NOSOTROS ... ESTABA PENSANDO EN UN PREMIO DE LOTERÍA, O UNA GRAN OFERTA DE TRABAJO, O UN CAMBIO FINANCIERO MILAGROSO, NO UNA SALIDA PREMATURA DE NUESTRA CASA A QUIEN -SABES-DONDE. ASÍ QUE NO "PUBLICITÉ" EXACTAMENTE EL MILAGRO.

EN RETROSPECTIVA, POR SUPUESTO, ESTABA CLARO QUE DI-S SABÍA EXACTAMENTE LO QUE ESTABA HACIENDO. AL DÍA SIGUIENTE, ENCONTRAMOS UN APARTAMENTO EN UNA PARTE COMPLETAMENTE DIFERENTE, POR EXACTAMENTE EL TIEMPO QUE NECESITÁBAMOS. EL ALQUILER DE ESE APARTAMENTO ERA UN TERCIO DE LA HIPOTECA QUE ESTÁBAMOS PAGANDO.

PERO ESO NO ES TODO: NOS GUSTÓ TANTO EL NUEVO LUGAR QUE DECIDIMOS VENDER LA OTRA CASA QUE HABÍAMOS COMPRADO, INCLUSO ANTES DE VIVIR EN ÉL, Y QUEDARNOS EN NUESTRA NUEVA UBICACIÓN. DESPUÉS DE UN AÑO Y MEDIO, DI-S NOS ENCONTRÓ EL ROBO DE UNA CASA POR UN PRECIO DE GANGA, A PESAR DE QUE EL MERCADO INMOBILIARIO LOCAL YA ESTABA EMPEZANDO A CALENTARSE A NUESTRO ALREDEDOR.

PERO ESO NO ES TODO: DURANTE LOS TRES AÑOS QUE ESTUVIMOS EN ESE LUGAR, PASÉ DE SER UN 'GRAN GASTADOR' EXTRAVAGANTE Y

DERROCHADOR A TENER UN ESTILO DE VIDA MUCHO MÁS SIMPLE Y BARATO. (SI SOY SINCERO, FUE DEMASIADO LEJOS EN LA OTRA DIRECCIÓN, PERO ESA ES UNA HISTORIA PARA OTRO DÍA).

CUANDO FINALMENTE NOS FUIMOS, MIS HÁBITOS DE GASTO Y MI ACTITUD HACIA EL DINERO SE HABÍAN TRANSFORMADO POR COMPLETO. TODAVÍA TENÍAMOS DEUDAS (PERO MUCHO MENOS QUE ANTES), PERO AHORA, TAMBIÉN TENÍAMOS MÁS MUNDOS DE QUE DI-S NOS AYUDARÍA A RESOLVER NUESTRAS FINANZAS, Y AGRADECIMIENTO POR EL DINERO Y LAS COSAS QUE YA TENÍAMOS.

ME LLEVÓ TRES AÑOS REALMENTE VER LOS MILAGROS QUE PROVOCÓ ESE PEREK SHIRA, Y OTROS TRES AÑOS PARA REALMENTE COMENZAR A APRECIARLOS. AL DECIR QUE PEREK SHIRA TIENE A TODOS ESTOS ÁNGELES CELESTIALES DETRÁS DE SU SOLICITUD DE ORACIÓN, Y ES POR ESO QUE ES UNA 'SEGULA' TAN EFECTIVA PARA TODO TIPO DE COSAS, ESPECIALMENTE

PARA GANARSE LA VIDA, ME DI CUENTA DE QUE ERA HORA DE VOLVER A HACERLO.

ESTA VEZ, LO ESTOY HACIENDO EN HEBREO; ESTA VEZ, ME ESTÁ TOMANDO QUINCE MINUTOS, NO MEDIA HORA; Y ESTA VEZ, EN REALIDAD LO ESTOY DISFRUTANDO BASTANTE. QUIÉN SABE QUÉ MILAGROS PROVOCARÁ, CIERTAMENTE YO NO. PERO UNA COSA SÍ SÉ: INCLUSO CUANDO LO DIJE EN INGLÉS, CON MUY POCA CREENCIA EN DI-S Y MUY POCA VOLUNTAD, TRANSFORMÓ MI VIDA.

ENTONCES, CUANDO (NO SI ...) EL MILAGRO OCURRE ESTA VEZ, ESPERO HACER UN TRABAJO MUCHO MEJOR PARA PUBLICITAR EL MILAGRO SIN TENER QUE ESPERAR SIETE AÑOS.

Perek Shira

הַקְדָמָה | Texto Introductorio

אָמַר רַבִּי אֱלִיעֶזֶר , כָּל
הָעוֹסֵק בְּפֶרֶק שִׁירָה
בָּעוֹלָם הַזֶּה זוֹכֶה
וְאוֹמְרָה לְעוֹלָם הַבָּא
שֶׁנֶּאֱמַר " אָז יָשִׁיר
מֹשֶׁה " - " שָׁר " לֹא
נֶאֱמַר אֶלָּא " יָשִׁיר "
לְעוֹלָם הַבָּא:

El rabino Eliezer dijo:
Cualquiera que
se involucre con Perek
S hirah en este mundo,
merece decirlo en el
Mundo por venir, como
dice: "Entonces Moshé
cantará"; no dice "cantó",
sino "cantará" en el Mundo
por Venir.

David Klein

רַבִּי כָּל הָעוֹסֵק וְאָמַר
בְּפֶרֶק שִׁירָה בָּעוֹלָם
הַזֶּה מַעִי ד אֲנִי עָלָיו
שֶׁהוּא בֶּן עוֹלָם הַבָּא
וְנִצוֹל מִיֵּצֶר הָרָע וּמִדִּין
קָשֶׁה וּמִשָּׂטָן הַמַּשְׁחִית
וּמִכָּל מִינֵי מַזִּיקִין
וּמֵחֶבְלוֹ שֶׁל מָשִׁיחַ
וּמִדִּינָה שֶׁל גֵּיהִנֹּם וְזוֹכֶה
לִלְמוֹד וּלְלַמֵּד לִשְׁמוֹר
וְלַעֲשׂוֹת וּלְקַיֵּים
וְתַלְמוּד ו מְקַיֵּים בְּיָדוֹ
וּמַאֲרִ.יךְ יָמִים וְזוֹכֶה
לְחַיֵּי עוֹלָם הַבָּא:

Y Rebbi dijo: Cualquiera que se involucre con Perek Shirah en este mundo, testifico que está destinado al Mundo por Venir, y que está salvado de la inclinación al mal, del juicio severo y del Satanás destructor, y de todo tipo de enemigos, y de los dolores de parto de Mashia ḥ , y del juicio de Gehennom; y él merece aprender y enseñar, observar y cumplir y realizar [la Torá], y sus estudios se establecen en él, y sus días se alargan, y él merece la vida en el Mundo por Venir.

| Hebreo | Ingles |

שמעוני , סוף (ילקוט)
אָמְרוּ רַבּוֹתֵינוּ (תהלים
ז"ל עַל דָּוִד הַמֶּלֶךְ ע"ה
בְּשָׁעָה שֶׁסִּיֵּים סֵפֶר
תְּהִלִּים זָחָה דַעְתּוֹ
עָלָיו . אָמַר לִפְנֵי
הַקָּדוֹשׁ בָּרוּךְ הוּא "יֵשׁ
בְּרִיָּא ה שֶׁבָּרָאתָ
בְּעוֹלָמְךָ שֶׁאוֹמֶרֶת
שִׁירוֹת וְתִשְׁבָּחוֹת יוֹתֵר
מִמֶּנִּי ? " בְּאוֹתָהּ שָׁעָה
נִזְרַמְנָה לוֹ צְפַרְדֵּעַ אַחַת
וְאָמְרָה לוֹ , דָּוִד ! אַל
תָּזוּחַ דַּעְתְּךָ
עָלֶיךָ , שֶׁאֲנִי אוֹמֶרֶת
שִׁירוֹת וְתִשְׁבָּחוֹ ת יוֹתֵר
מִמְּךָ . עוֹ וְלֹא ø אֶלָּא
כָּל שִׁירָה שֶׁאֲנִי אוֹמֶרֶת
מְמַשֶּׁלֶת עָלֶיהָ שְׁלֹשֶׁת
אֲלָפִים מָשָׁל

[Yalkut Shimoni, final de los Salmos:] Los Sabios dijeron sobre el Rey David que cuando completó el libro de los Salmos, se sintió orgulloso. Dijo ante el bendito Santo: "¿Hay alguna criatura que hayas creado en tu mundo que diga más canciones y alabanzas que yo?". En ese momento, una rana se cruzó en su camino y le dijo: "¡David! No te enorgullezcas, porque recito más canciones y alabanzas que tú . Además, cada canción que digo contiene tres mil parábolas, como dice: "Y él habló tres mil parábolas, y sus

Hebreo	Ingles

שֶׁנֶּאֱמַר (מלכים) א

ה : יב) " וַיְדַבֵּר שְׁלֹשֶׁת

אֲלָפִים מָשָׁל וַיְהִי שִׁירוֹ

חֲמִשָּׁה וָאָלֶף . "וְלֹא

עוֹד אֶלָּא שֶׁאֲנִי עוֹסֵקֶת

בְּמִצְוָה גְדוֹלָה , וְזוּ הִיא

הַמִּצְוָה שֶׁאֲנִי עוֹסֵקֶת

בָּהּ - יֵשׁ בִּשְׂפַת הַיָּם

מִין אֶחָד שֶׁאֵין פַּרְנָסָתוֹ

כִּי אִם מִן הַמַּיִם

וּבְשָׁעָה שֶׁהוּא רָעֵב

נוֹטְלֵנִי וְאוֹכְלֵנִי לְקַיֵּים

מַה שֶׁנֶּאֱמַר (משלי)

כה : כא - כב) " אִם רָעֵב

שֹׂנַאֲךָ הַאֲכִילֵהוּ וְאִם

צָמֵא הֹ לֶחֶם שְׁקֵהוּ מָיִם

כִּי גֶחָלִים אַתָּה חֹתֶה עַל

רֹאשׁוֹ וַיהֹוָה יְשַׁלֶּם

לָךְ "תְּקְרֵי אַל יְשַׁלֶּם

לָךְ אֶלָּא יַשְׁלִימֵהוּ

לָךְ :

canciones fueron mil quinientas". [2] Y además, estoy ocupado con una gran mitsvah, y esta es la mitsvah con la que estoy ocupado: hay un cierto tipo de criatura a la orilla del mar cuyo sustento es enteramente de [criaturas que viven en] el agua , y cuando tiene hambre, me toma y me come, de modo que cumplo lo que dice: 'Si tu enemigo tiene hambre, dale de comer; si tiene sed, dale de beber agua; porque amontonarás carbones de fuego sobre su cabeza, y DIOS te recompensará ' [3]; no leas "te recompensará", sino que " harás que te complete".

Hebreo	Ingles

פרק ראשון CAPÍTULO UNO

שָׁמַיִם אוֹמְרִים . הַשָׁמַיִם מְסַפְּרִים כְּבוֹד־אֵל וּמַעֲשֵׂה יָדָיו מַגִּיד הָרָקִיעַ: (תהלים יט : ב)

Los Cielos dicen: "Los cielos hablan del *kavod* de El , y los cielos hablan de su obra".

אֶרֶץ אוֹמֶרֶת . לַיהוָה הָאָרֶץ וּמְלוֹאָהּ תֵּבֵל וְיֹשְׁבֵי בָהּ: (תהלים כד : א חלק)

La Tierra dice: "La tierra y todo lo que hay en ella son de DIOS; el área habitada y todo lo que habita dentro de ella ".

וְאוֹמֵר . מִכְּנַף הָאָרֶץ זְמִרֹת שָׁמַעְנוּ צְבִי לַצַּדִּיק ... (ישעיהו)

Y dice: "Desde las alas de la tierra hemos escuchado cantos, gloria a los justos"

| Hebreo | Ingles |

(כד : טז חלק)

גַּן עֵדֶן אוֹמֵר. El Jardín de Edén dice:
צָפוֹן וּבוֹאִי תֵימָן עוּרִי "¡Despiértate, oh norte
הָפִּיחִי גַנִּי יִזְלוּ בְשָׂמָיו [viento], y ven, oh sur!
יָבֹא דוֹדִי לְגַנּוֹ וְיֹאכַל Sopla sobre mi jardín, deja
פְּרִי מְגָדָיו: (שיר השירים que fluyan sus especias;
ד : טז) deja que mi Amado venga a
su jardín y coma de su
preciosa fruta "

גֵּיהִנֹּם אוֹמֵר. Gehinnom dice:
כִּי־הִשְׂבִּיעַ נֶפֶשׁ שֹׁקֵקָה "Porque ha satisfecho el
וְנֶפֶשׁ רְעֵבָה ה alma anhelante
מִלֵּא־טוֹב: (תהלים y ha llenado el alma
קז : ט) hambrienta de bien".

מִדְבָּר אוֹמֵר. El desierto dice:
יְשֻׂשׂוּם מִ.דְבָּר וְצִיָּה "El desierto y el desierto se
regocijarán,

Hebreo	Ingles

וְתָגֵל עֲרָבָה וְתִפְרַח
כַּחֲבַצָּלֶת: (ישעיהו)
(לה : א)

y la región árida se regocijará y florecerá como la rosa".

שָׂדוֹת אוֹמְרִים .
יְהֹוָה בְּחָכְמָה יָסַד־אָרֶץ
כּוֹגֵן שָׁמַיִם
בִּתְבוּנָה: (משלי ג : יט)

Los Campos dicen: "DIOS fundó la tierra con sabiduría; Él estableció los cielos con entendimiento. "

מַיִם אוֹמְרִים .
לְקוֹל תִּתּוֹ הֲמוֹן מַיִם
בַּשָּׁמַיִם
וַיַּעַל נְשִׂאִים
מִקְצֵה־אָרֶץ
בְּרָקִים לַ מָּטָר עָשָׂ ה
רוּחַ וַיּוֹצֵא
מֵאֹצְרֹתָיו: (ירמיה)
(נא : טז)

Las Aguas dicen: "Cuando su voz resuena con una gran masa de agua en los cielos, y levanta vapores desde los confines de la Tierra; cuando hace relámpagos entre la lluvia y saca el viento de sus depósitos "

Hebreo	Ingles

יָמִים אוֹמְרִים . מִקֹּלוֹת ׀ מַיִם רַבִּים אַדִּירִים מִשְׁבְּרֵי־יָם אַדִּיר בַּמָּרוֹם יְהוָ֗ה: (תהלים צג : ד)	Los mares dicen: "Más que las voces de muchas aguas, que las poderosas olas del mar, DIOS en lo alto es poderoso".

נְהָרוֹת אוֹמְרִים . יִמְחֲאוּ־כָף הָרוֹת יַחַד הָרִים יְרַנֵּנוּ: (תהלים צח : ח)	Los ríos están diciendo: "¡Que los ríos aplaudan, que las montañas canten de alegría juntos!"

מַעְיָנוֹת אוֹמְרִים . וְשָׁרִים כְּחֹלְלִים כָּל־מַעְיָנַי בָּךְ: (תהלים פז : ז)	Los Wellsprings dicen: "Y como cantantes que son como bailarines son todos los que te estudian".

פרק שני	CAPITULO DOS

Hebreo	Ingles

אוֹמֵר. יוֹם

יוֹם לְיוֹם יַבִּיעַ אֹמֶר
וְלַיְלָה לְלַיְלָה
יְחַוֶּה־דָּעַת: (תהלים
יט : ג)

El día dice:
"El día a día pronuncia el discurso,
y de noche a noche relaciona el conocimiento".

אוֹמֵר. לַיְלָה

לְהַגִּיד בַּבֹּקֶר חַסְדֶּךָ
וֶאֱמוּנָתְךָ
בַּלֵּילוֹת: (תהלים צב : ג)

La noche dice:
"Hablar de su bondad por la mañana
y de su fidelidad por la noche"

אוֹמֵר. שֶׁמֶשׁ

שֶׁמֶשׁ יָרֵחַ עָמַד זְבֻלָה
לְאוֹר חִצֶּיךָ יְהַלֵּכוּ
ל נֹגַהּ בְּרַק
חֲנִיתֶךָ: (חבקוק ג : יא)

El Sol dice:
"El sol, [cuando estaba cubierto por] la luna, estaba en su morada; se apresuran a la luz de tus flechas y al resplandor de tu brillante lanza ".

17

David Klein

Hebreo	Ingles

יָרֵחַ אוֹמֶרֶת .

עָשָׂה יָרֵחַ לְמוֹעֲדִים שֶׁמֶשׁ יָדַע
מְבוֹאוֹ: (תהלים קד : יט)

La Luna dice:
"Él hizo la Luna para los festivales;
el Sol sabe la hora de su venida ".

כּוֹכָבִים אוֹמְרִים .
יְהוָה לְבַדֶּךָ אַתָּה־הוּא
אַתָּה] עָשִׂיתָ אֶת־ [אֵת
הַשָּׁמַיִם שְׁמֵי הַשָּׁמַיִם
וְכָל־צְבָאָם
הָאָרֶץ וְכָל־אֲשֶׁר עָלֶיהָ
הַיַּמִּים וְכָל־אֲשֶׁר בָּהֶם
וְאַתָּה מְחַיֶּה אֶת־כֻּלָּם
וּצְבָא הַשָּׁמַיִם לְךָ
מִשְׁתַּחֲוִים: (נחמיה ט : ו)

Las estrellas dicen :
"Tú, solo tú, eres DIOS;
Tú hiciste el cielo, el cielo de los cielos, con todo su ejército;
la tierra y todo lo que hay en ella;
los mares y todo lo que hay en ellos;
y los preservas a todos;
y la hueste del cielo se postra ante ti "

עָבִים אוֹמְרִים .

Las nubes son

Hebreo	Ingles
יֶשֶׁת חֹשֶׁךְ ׀ סִתְרוֹ סְבִיבוֹתָיו סֻכָּתוֹ חֶשְׁכַת־מַיִם עָבֵי שְׁחָקִים: (תהלים יח : ב)	diciendo, " H E hizo la oscuridad su lugar secreto; Su pabellón a su alrededor estaba oscuro con aguas y espesas nubes de los cielos "
עָנָנִי כָבוֹד אוֹמְרִים . אַף־בְּרִי יַטְרִיחַ עָב יָפִיץ עֲנַן אוֹרוֹ: (איוב לז : יא)	Las nubes de luz dicen: "También carga la espesa nube con un desbordamiento; la nube dispersa su luz ".
רוּחַ אוֹמֵר . אֹמַר לַצָּפוֹן תֵּנִי וּלְתֵימָן אַל־תִּכְלָאִי הָבִיאִי בָנַי מֵרָחוֹק וּבְנוֹתַי מִקְצֵה הָאָרֶץ: (ישעיה מג : ו)	El viento dice: " Diré al norte, 'Ríndete'; y al sur, 'No te detengas; trae a mis hijos de lejos, y a mis hijas de los confines de la tierra '"

Hebreo	Ingles

בְּרָקִים אוֹמְרִים . ... בְּרָקִים לַמָּטָר עָשָׂה מוֹצֵא־רוּחַ מֵאוֹצְרוֹתָיו׃ (תהלים קלה : ז חלק)

Los Relámpagos están diciendo:

"... Él hace relámpagos para la lluvia;

Él saca el viento de sus depósitos ".

טַל אוֹמֵר . אֶהְיֶה כַטַּל לְיִשְׂרָאֵל יִפְרַח כַּשּׁוֹשַׁנָּה וְיַךְ שָׁרָשָׁיו כַּלְּבָנוֹן׃ (הושע יד : ו)

El rocío dice:

"Seré como el rocío para Israel, él florecerá como una rosa, se extenderá como raíces en el Líbano".

(נוסח אחר) עוּרִי צָפוֹן וּבוֹאִי תֵימָן הָפִיחִי גַנִּי יִזְּלוּ בְשָׂמָיו יָבֹא דוֹדִי לְגַנּוֹ וְיֹאכַל פְּרִי מְגָדָיו׃ (שיר השירים ד : טז)

Otros textos agregan: "¡Despiértate, oh norte [viento],

y ven, oh sur! Sopla sobre mi jardín, deja que fluyan sus especias;

deja que mi Amado venga a su jardín y coma de su

Hebreo	Ingles

preciosa fruta "

גְּשָׁמִים אוֹמְרִים . Las lluvias dicen:
גֶּשֶׁם נְדָבוֹ ת תָּנִיף "Tú, Elohim,
אֱלֹהִים derramaste una lluvia
נַחֲלָתְךָ וְנִלְאָה אַתָּה generosa para fortalecer tu
כּוֹנַנְתָּהּ: (תהלים סח : י) herencia cuando
languidecía"

פרק שלישי CAPÍTULO TRES

אִילָנוֹת שֶׁבְּשָׂדֶה Los árboles silvestres dicen:
אוֹמְרִים . "Entonces los árboles del
אָז יְרַנְּנוּ עֲצֵי הַיַּעַר bosque cantarán ante la
מִלִּפְנֵי יְהוָה כִּי־בָא presencia de DIOS,
לִשְׁפּוֹט porque él viene a juzgar la
אֶת־הָאָרֶץ: (דברי הימים א tierra".
טז : לג)

Hebreo	Ingles

גֶּפֶן אוֹמֶרֶת . כֹּה | אָמַר יְהֹוָה כַּאֲשֶׁר יִמָּצֵא הַתִּירוֹשׁ בָּאֶשְׁכּוֹל וְאָמַר אַל-תַּשְׁחִיתֵהוּ כִּי בְרָכָה בּוֹ כֵּן אֶעֱשֶׂה לְמַעַן עֲבָדַי לְבִלְתִּי הַשְׁחִית הַכֹּל: (ישעיה סה : ח)

La Vid dice: "Así dice DIOS: como el vino se encuentra en el racimo, y uno dice: 'No lo destruyas, porque hay una bendición en él', así lo haré por el bien de mis siervos, así como no para destriparlo todo ".

תְּאֵנָה אוֹמֶרֶת . נֹצֵר תְּאֵנָה יֹאכַל פִּרְיָהּ ... (משלי כז : יח חלק)

El Higo dice: "El que cuida al higo comerá de sus frutos ..."

רִמּוֹן אוֹמֵר . ... כְּפֶלַח הָרִמּוֹן רַקָּתֵךְ מִבַּעַד לְצַמָּתֵךְ: (שיר השירים ד : ג חלק)

El Pomegranate está diciendo, "... Su frente es como una pieza de un pomegranate detrás de sus trenzas."

Hebreo	Ingles

תָּמָר אוֹמֵר .
צַדִּיק כַּתָּמָר יִפְרָח
כְּאֶרֶז בַּלְּבָנוֹן
יִשְׂגֶּה: (תהלים צב : יג)

La palma dice:
"Los justos florecen como la palmera;
crecen como un cedro en el Líbano "

תַּפּוּחַ אוֹמֵר .
כְּתַפּוּחַ בַּעֲצֵי הַיַּעַר
כֵּן דּוֹדִי בֵּין הַבָּנִים
בְּצִלּוֹ חִמַּדְתִּי וְיָשַׁבְתִּי
וּפִרְיוֹ מָתוֹק לְחִכִּי: (שיר השירים ב : ג)

El albaricoque dice:
"Como el albaricoquero entre los árboles del bosque,
así es mi amado entre los hombres jóvenes.
Me senté bajo su sombra con deleite,
y su fruta era dulce para mi gusto. "

שִׁבֹּלֶת חִטִּים
שִׁיר הַמַּעֲלוֹת
מִמַּעֲמַקִּים קְרָאתִיךָ

Las gavillas de trigo están diciendo:
"Una canción de

Hebreo	Ingles
יְהֹוָה: (תהלים קכ : א)	ascensiones: Desde lo más profundo te he llorado, DIOS".
שִׁבֹּלֶת שְׂעוֹרִים תְּפִלָּה לְעָנִי כִי־יַעֲטֹף וְלִפְנֵי יְהֹוָה יִשְׁפֹּךְ שִׂיחוֹ: (ת הלים קב : א)	Las gavillas de cebada están diciendo: "Una oración del mendigo, cuando se desmaya, y derrama su discurso ante DIOS".
שְׁאָר הַשָּׁב לִים אוֹמְרִים . לָבְשׁוּ כָרִים ן הַצֹּאן וַעֲמָקִים יַעַטְפוּ־בָר יִתְרוֹעֲעוּ אַף־יָשִׁירוּ: (תהלים סה : יד)	Las otras gavillas están diciendo: "Los prados están vestidos de rebaños; los valles también están cubiertos de grano; gritan de alegría, también cantan "
יְרָקוֹת שֶׁבַּשָּׂדֶה	Los Vegetales del Campo

Hebreo	Ingles
אוֹמְרִים . תְּלָמֶיהָ רַוֵּה נַחֵת גְּדוּדֶיהָ בִּרְבִיבִים תְּמֹגְגֶנָּה צִמְחָהּ תְּבָרֵךְ: (תהלים (סה : יא	dicen: "Riegas abundantemente sus surcos; arreglas sus crestas; lo haces suave con las flores; Tú bendices su crecimiento ".
דְּשָׁאִים אוֹמְרִים . יְהִי כְבוֹד יְהוָה לְעוֹלָם יִשְׂמַח יְהוָה בְּמַעֲשָׂיו: (תהלים (קד : לא	Los Gras ses están diciendo: "Que el *kavod* de DIOS perdure para siempre; que DIOS se regocije en sus obras "
פרק רביעי	CAPÍTULO CUATRO
תַּרְנְגוֹל אוֹמֵר . בְּשָׁעָה שֶׁבָּא הַקָּדוֹשׁ	El Gallo dice: "Cuando el Santo bendito viene a los justos en el Jardín del Edén, todos los

David Klein

| Hebreo | Ingles |

בָּרוּךְ הוּא אֵצֶל הַצַּדִּיקִים בְּגַן עֵדֶן, זוֹלְפִים כֹּל אִילָנֵי גַּן עֵדֶן בַּשְׂמַיִם, וּמְרַנְּנִים וּמְשַׁבְּחִים, וְאָז גַּם הוּא מִתְעוֹרֵר וּמְשַׁבֵּחַ: (מצוטט ב זוהר ב קצה : ב , ויקהל)

árboles en el Jardín del Edén esparcen sus especias, y se regocijan y alaban, y luego Él también se excita y alaba . "

בְּקוֹל רִאשׁוֹן אוֹמֵר . זֶה דּוֹר דרשו [דֹּרְשָׁיו] מְ בַק שֵׁי פָנֶיךָ יַעֲקֹב סֶלָה: שְׂאוּ שְׁעָרִים | רָאשֵׁיכֶם וְהִנָּשְׂאוּ פִּתְחֵי עוֹלָם וְיָבוֹא מֶלֶךְ הַכָּבוֹד: מִי זֶה מֶלֶךְ הַכָּבוֹד יְהוָה עִזּוּז וְגִבּוֹר יְהוָה גִּבּוֹר מִלְחָמָה: (תהלים כד : ו - ח)

En su primera llamada dice: "Tal es la generación de ellos que buscan a Thon, que buscan tu rostro, incluso Ya'akov. Selah! ¡Levanta la cabeza, oh puertas! ¡Y alégrate, oh puertas eternas! Y el Rey de *Kavod* entrará. ¿Quién es este Rey

26

Hebreo	Ingles

de *Kavod*? ¡DIOS fuerte y poderoso, DIOS poderoso en la batalla! "

בְּקוֹל שֵׁנִי אוֹמֵר.
שְׁעָרִים שְׂאוּ | רָאשֵׁיכֶם
וּשְׂאוּ פִּתְחֵי עוֹלָם וְיָבֹא
מֶלֶךְ הַכָּבֹוד: מִי הוּא
זֶה מֶלֶךְ הַכָּבוֹד יְהוָה
צְבָאוֹת הוּא מֶלֶךְ
הַכָּבוֹד סֶלָה: (תהלים
כד : ט - י)

En su segunda llamada, dice:
"¡Levanta tus cabezas, oh puertas! ¡Alzadlos, oh puertas eternas! Y el Rey de *Kavod* entrará. ¿Quién es Él, este Rey de *Kavod*? ¡DIOS Tseva'ot, él es el Rey de *kavod*, Sela h! "

בְּקוֹל שְׁלִישִׁי אוֹמֵר.
עִמְדוּ צַדִּיקִים וְעִסְקוּ
בַּתּוֹרָה,
כְּדֵי שֶׁיִּהְיֶה שְׂכַרְכֶם
כָּפוּל לְעוֹלָם
הַבָּא: (השוו רמב "ן , שער

En su tercer llamado, dice:
"Permanezcan, oh justos, y ocúpense con la Torá, para que su recompensa sea doble en *Olam Haba* ".

David Klein

| Hebreo | Ingles |

הגמול ל"ג)

בְּקוֹל רְבִיעִי אוֹמֵר. לִישׁוּעָתְךָ ק.וֵיתִי יְהֹוָה :) בראשית מט : יח (

En su cuarta llamada dice: "He esperado tu salvación, DIOS".

בְּקוֹל חֲמִישִׁי אוֹמֵר. עַד־ מָתַ֫י עָצֵל | תִּשְׁכָּב מָתַי תָּקוּם מִשְּׁנָתֶךָ:) משלי ו : ט (

En su quinta llamada, dice: "¿Cuánto tiempo dormirás, oh perezoso? ¿Cuándo te levantarás de tu sueño? "

בְּקוֹל שִׁישִׁי אוֹמֵר. אַל־תֶּאֱהַב שֵׁנָה פֶּן־תִּוָּרֵשׁ פְּקַח עֵינֶיךָ שְׂבַע־לָחֶם:) משלי כ : יג (

En su sexto llamado, dice: "No ames dormir, para que no entres en pobreza; abre tus ojos y quedarás satisfecho con el pan. "

Hebreo	Ingles

בְּקוֹל שְׁבִיעִי אוֹמֵר . עֵת לַעֲשׂוֹת לַיהוָה הֵפֵרוּ תּוֹרָתֶךָ: (תהלים קיט : קכו)

En su séptima llamada, dice: "Es hora de actuar por DIOS; porque han anulado tu Torá ".

תַּרְנְגֹלֶת אוֹמֶרֶת . נֹתֵן לֶחֶם לְכָל־בָּשָׂר כִּי לְעוֹלָם חַסְדּוֹ: (תהלים קלו : כה)

La gallina dice: "Él da pan a toda carne, porque su misericordia perdura en el cosmos".

יוֹנָה אוֹמֶרֶת . כְּסוּס עָגוּר כֵּן אֲצַפְצֵף אֶהְגֶּה כַּיוֹנָה דַּלּוּ עֵינַי לַמָּרוֹם אֲדֹנָי עָשְׁקָה־לִּי עָרְבֵנִי: (ישעיה לח : יד)

La Paloma está diciendo: "Como un veloz o una grúa,tambiénparloteo; Gim o como una paloma;mis ojos fallan al mirar hacia arriba;mi Maestro, estoy oprimido por mi senilidad ". La paloma dice ante la bendita Santa:

אוֹמֶרֶת יוֹנָה לְ פְּנֵי הַקָּדוֹשׁ בָּרוּךְ הוּא ,

29

Hebreo	Ingles
רִבּוֹנוֹ שֶׁל עוֹלָם , יִהְיוּ מְזוֹנוֹתַי מְרוֹרִים כְּזַיִת בְּיָדְךָ , וְאַל יִהְיוּ מְתוּקִים כִּדְבַשׁ , עַל יְדֵי בָּשָׂר וָדָם: (ערובין יח ב)	"¡Señor del mundo! Que mi sustento sea tan amargo como una aceituna en tu mano, en lugar de que sea dulce como la miel a través de la carne y la sangre. "
נֶשֶׁר אוֹמֵר . יְהוָה-אֱלֹהִים וְאַתָּה	צְבָאוֹת אֱלֹהֵי יִשְׂרָאֵל הָקִיצָה לִפְקֹד כָּל-הַגּוֹיִם אַל-תָּחֹן כָּל-בֹּגְדֵי אָוֶן סֶלָה: (תהלים נט : ו)	El buitre dice: "Y tú, DIOS Elohim Tseva'ot, elo'ah de Yisra'el, despierta para castigar a todas las naciones; ¡no seas amable con ningún traidor malvado, *Selah!*"
עָגוּר אוֹמֵר . הוֹדוּ לַיהוָה בְּכִנּוֹר בְּנֵבֶל עָשׂוֹר זַמְּרוּ-לוֹ: (תהלים לג : ב)	El Grulla dice: "Dale gracias a DIOS con la lira, hazle música con el arpa de diez cuerdas".

Hebreo	Ingles

צְפּוֹר אוֹמֵר . El pájaro cantor dice:
גַּם-צִפּוֹר | מָצְאָה בַיִת "El pájaro cantor también
וּדְרוֹר | קֵן לָהֿ אֲשֶׁר- ha encontrado su hogar,
שָׁתָה אֶפְרֹחֶיהָ y el gorrión un nido para
אֶת-מִזְבְּחוֹתֶיךָ יְהוָה ella, donde puede poner a
צְבָאוֹת מַלְכִּי sus crías:
וֵאלֹהָי: (תהלים פד : ד) tus altares, DIOS Tseva'ot,
mi rey y mi elo'a h"

סְנוּנִית אוֹמֶרֶת . La Golondrina dice :
לְמַעַן | יְזַמֶּרְךָ כָבוֹד "Para que mi alma te alabe
וְלֹא יִדֹּם . y no se
יְהוָה אֱלֹהַי לְעוֹלָם calle, DIOS mi Dios, te
אוֹדֶךָ: (תהלים ל : יג) agradeceré para siempre"

טַסִית אוֹמֶרֶת . Swift dice:
עֶזְרִי מֵעִם יְהוָה "Mi ayuda es de DIOS,
עֹשֵׂה שָׁמַיִם Creador del cielo y de la
וָאָרֶץ: (תהלים קכא : ב) tierra".

31

Hebreo	Ingles

צִיָּה אוֹמֶרֶת. אוֹר זָרֻעַ לַצַּדִּיק וּלְיִשְׁרֵי־לֵב שִׂמְחָה: (תהלים צז : יא)

El Petrel Tormentoso dice: "La luz se siembra para los justos y la alegría para los sinceros"

רְצְפִי אוֹמֵר. נַחֲמוּ נַחֲמוּ עַמִּי יֹאמַר אֱלֹהֵיכֶם: (ישעיה מ : א)

The Laughing Dove dice: "Consuela a mi gente, *consuélala*, dice tu *elo'ah*".

חֲסִידָה אוֹמֶרֶת. עַל־לֵב יְרוּשָׁלַם וְקִרְאוּ דַּבְּרוּ אֵלֶיהָ כִּי מָלְאָה צְבָאָהּ כִּי נִרְצָה עֲוֹנָהּ כִּי לָקְחָה מִיַּד יְהוָה כִּפְלַיִם בְּכָל־חַטֹּאתֶיהָ: (ישעיה מ : ב)

La Cigüeña dice: "Habla al corazón de Yerushalayim y llámala, porque ha llegado su hora, porque sus pecados han sido perdonados, porque ella ha tomado el doble de la mano de DIOS por todos sus pecados".

Hebreo	Ingles

עוֹרֵב אוֹמֵ֫ר .
מִי יָכִין לְעֹרֵב
צֵידוֹ
כִּי־ילדו [יְלָדָיו] אֶל־אֵ֫
ל יְשַׁוֵּ֫עוּ ... (איוב
לח : מא חלק)

El Cuervo está diciendo:
"¿Quién prepara la comida
para el delirio,
cuando sus jóvenes claman
a El?"

זַרְזִיר אוֹמֵר .
וְנוֹדַע בַּגּוֹיִם֫ זַרְעָם
וְצֶאֱצָאֵיהֶם בְּתוֹךְ
הָעַמִּים כָּל־רֹאֵיהֶם֫
יַכִּירוּם כִּי הֵם זֶ֫רַע בֵּרַךְ
יְהֹוָה: (ישעיה סא : ט)

El S tarling dice:
"Su simiente será conocida
entre las naciones, y su
descendencia entre los
pueblos; todos los que los
vean reconocerán que son
la simiente que DIOS ha
bendecido"

אַוָּז שֶׁבַּבַּ֫יִת אוֹמֶ֫רֶת .
לַיהֹוָה קִרְאוּ ב
הוֹדוּ. שְׁמוֹ הוֹדִ֫יעוּ
בָעַמִּים עֲלִילוֹתָיו:

El ganso doméstico dice:
"Den gracias a DIOS,
invoquen su nombre, den a
conocer sus obras entre los

David Klein

Hebreo	Ingles

שִׁירוּ-לֹו זַמְּרוּ-לֹו שִׂיחוּ
בְּכָל-נִפְלְאֹותָיו: שִׁירוּ
לֹו זַמְּרוּ לֹו שִׂיחוּ בְּכָל
נִפְלְאֹותָיו: (תהלים
קה : א - ב)

pueblos, le canten, hagan música para él, hablen de todas sus maravillas"

אָז הַבָּר הַמְשֹׁוטֵט
בַּמִּדְבָּר כְּשֶׁרֹואֶה אֶת
יִשְׂרָאֵל עֹוסְקִים בַּתֹּורָה
אֹומֶרֶת .
קֹול קֹורֵא
בַּמִּדְבָּר פַּנּוּ דֶּרֶךְ יְהוָה
יַשְּׁרוּ בָּעֲרָבָה מְסִלָּה
לֵאלֹהֵינוּ: (ישעיה מ : ג)

וְעַל מְצִיאֹות מְזֹונֹותֶיהָ
בַּמִּדְבָּר אֹומֶרֶת .
אָרוּר הַגֶּבֶר אֲשֶׁר יִבְטַח
בָּאָדָם ...
בָּרוּךְ הַגֶּבֶר אֲשֶׁר יִבְטַח
בַּיהוָה

El Ganso Salvaje que vuela en el desierto, cuando ve a Israel ocupado con la Torá, dice:
"Una voz grita: Prepárate en el camino salvaje de DIOS, haz que en el desierto sea un camino para nuestro *Dios*".

Y al encontrar su alimento en el desierto, dice: "Maldito el hombre que confía en los seres humanos ..." [60] Bienaventurado el

Hebreo	Ingles

וְהָיָה יְהוָה
מִבְטַחוֹ: (ירמיה
יז : ä חלק יז , יז : ז)

hombre que confía en DIOS, y DIOS será su seguridad ".

פְּרוֹגִיוֹת א וֹמְרִים .
בִּטְחוּ בַיהוָה עֲדֵי־עַד
כִּי בְּיָהּ יְהוָה צוּר
עוֹלָמִים: (ישעיה כו : ד)

Los Patos dicen: "Confiar en DIOS por los siglos de los siglos, para DIOS Yah, es la fuerza de los mundos".

רַחֲמָה אוֹמֶרֶת .
אֶשְׁרְקָה לָהֶם וַאֲקַבְּצֵם
כִּי פְּדִיתִים
וְרָבוּ כְּמוֹ רָבוּ: (זכריה
י : ח)

El Bee-Eater está diciendo: "Les silbaré y los reuniré, porque los he redimido, y aumentarán como lo han hecho antes".

צִפֹּרֶת כְּרָמִים אוֹמֶרֶת .

El Saltamontes dice:

David Klein

Hebreo	Ingles

עֵינַי ... אֶשָּׂא
אֶל־הֶהָרִים
מֵאַיִן יָבֹא עֶזְרִי : (תהלים
קכא : א)

"Levanto mis ojos hacia las montañas, ¿de dónde vendrá mi ayuda?"

חָסִיל אוֹמֵ_ר .
יְהֹוָה אֱלֹהַ_י' אַתָּה
אֲרוֹמִמְךָ' אוֹדֶה שִׁמְךָ
כִּי עָשִׂיתָ פֶּלֶא
עֵצוֹת מֵרָחוֹק אֱמוּנָה
אֹמֶן: (ישעיה כה : א)

La Langosta dice:
"DIOS, eres mi mi Dios; Te exaltaré, alabaré tu nombre;
porque has hecho cosas maravillosas;
Tus antiguos consejos son fidelidad y verdad. "

שְׁמָמִית אוֹמֶרֶת .
הַלְלוּהוּ בְּצִלְצְלֵי־שָׁמַע
הַלְלוּהוּ בְּצִלְצְלֵי
תְרוּעָה: (תהלים קנ : ה)

La Araña dice:
"¡Alabadle con platillos!
¡Alabadle con platillos ruidosos! "

זְבוּב אוֹמֵר .

La mosca, cuando Israel no

36

Hebreo	Ingles

שֶׁאֵין יִשְׂרָאֵל עוֹסֵק בְּשָׁעָה.ים בַּתּוֹרָה , קוֹל אָמַר קְרָא וְאָמַר מָה אֶקְרָא כָּל-הַבָּשָׂר חָצִיר וְכָל-חַסְדּוֹ כְּצִיץ הַשָּׂדֶה: יָבֵשׁ חָצִיר נָבֵל צִיץ כִּי רוּחַ יְהוָה נָשְׁבָה בּוֹ אָכֵן חָצִיר הָעָם: יָבֵשׁ חָצִיר נָבֵל צִיץ וּדְבַר-אֱלֹהֵי נוּ יָקוּם לְעוֹלָם: (ישעיה מ : ו - ח) בּוֹרֵא נוב [נִיב] שְׂפָתָיִם שָׁלוֹ ם ו שָׁלוֹם לָרָחוֹק וְלַקָּרוֹב אָמַר יְהוָה וּרְפָאתִיו: (ישעיה נז : יט)	se está ocupando de la Torá, dice: "La voz dijo:" Llama ". Y él dijo: '¿Qué llamaré?' 'Toda carne es hierba, y toda su gracia es como la flor del campo'. [67]'... La hierba se marchita, la flor se desvanece; pero la palabra de nuestro *Dios* perdurará para siempre. "" "" *Crearé* una nueva expresión de los labios; Paz, paz para el que está lejos y para el que está cerca, dice DIOS; y lo sanaré ".

| Hebreo | Ingles |

אוֹמְרִים . תַּנִּינִים הַלְלוּ אֶת־יְהֹוָה מִן־הָאָרֶץ תַּנִּינִים וְכָל־תְּהֹמוֹת: (תהלים קמח : ז)

Los Monstruos Marinos están diciendo: "Alabado sea DIOS desde la tierra, los monstruos marinos y todas las profundidades".

אוֹמֵר . לִוְיָתָן הוֹדוּ לַיהֹוָה כִּי־טוֹב כִּי לְעוֹלָם חַסְדּוֹ: (תהלים קלו : א)

El Leviatán dice: "Den gracias a DIOS porque es bueno, porque su misericordia perdura en el cosmos".

אוֹמְרִים . דָּגִים קוֹל יְהֹוָה עַל־הַמָּיִם אֵל־הַכָּבוֹד הִרְעִים יְהֹוָ ה עַל־מַיִם רַבִּים: (תהלים כט : ג)

Los Peces dicen: "La voz de DIOS está sobre las aguas, el EL de *kavod* truena, DIOS está sobre muchas aguas".

אוֹמֶרֶת . צְפַרְדֵּעַ

La Rana dice:

Hebreo	Ingles

בָּרוּךְ שֵׁם כְּבוֹד מַלְכוּתוֹ לְעוֹלָם וָעֶד: (משנה יומא ג : ח , פסחים נו א ועוד)

"Bendito sea el nombre de su resplandeciente Majestad en el Cosmos para siempre"

פרק חמישי

CAPITULO CINCO

בְּהֵמָה דַקָּה טְהוֹרָה אוֹמֶרֶת . מִי־כָמֹכָה בָּאֵלִם' יְהוָֹה מִי כָּמֹכָה נֶאְדָּר בַּקֹּדֶשׁ נוֹרָא תְהִלֹּת עֹשֵׂה פֶלֶא : (שמות טו : יא)

La Oveja está diciendo: "¿Quién es como tú entre los malvados, DIOS? ¿Quién es como tú, poderoso en santidad, asombroso en alabanza, trabajador de maravillas "

בְּהֵמָה גַסָּה טְהוֹרָה אוֹמֶרֶת . הַרְנִינוּ לֵאלֹהִים עוּזֵּנוּ הָרִיעוּ לֵאלֹהֵי

La Vaca está diciendo: "¡Alégrate ante Elohim por nuestra fuerza, trompeta al elo'ah de Yaakov!"

Hebreo	Ingles

יַעֲקֹב: (תהלים פא : ב)

בְּהֵמָה דַּקָּה טְמֵאָה אוֹמֶרֶת. הֵיטִיבָה יְהֹוָה לַטּוֹבִים וְלִישָׁרִים בְּלִבּוֹתָם: (תהלים קכה : ד)	El Cerdo dice: "DIOS es bueno para los buenos y para los que están comprometidos de corazón".
בְּהֵמָה גַּסָּה טְמֵאָה אוֹמֶרֶת. יְגִיעַ כַּפֶּיךָ כִּי תֹאכֵל אַשְׁרֶיךָ וְטוֹב לָךְ: (תהלים קכח : ב)	La Animales de trabajo está diciendo: "Cuando se come el fruto de tu trabajo, ar feliz ae . Gracias y buena es tu suerte"
גָּמָל אוֹמֵר. ... יְהֹוָה מִמָּרוֹם יִשְׁאָג וּמִמְּעוֹן קָדְשׁוֹ יִתֵּן קוֹלוֹ שָׁאֹג יִשְׁאָג:	El Camello dice: "... DIOS rugirá desde lo alto y hará que su voz suene desde su lugar

Hebreo	Ingles

עַל־נָוֵ֫הוּ ... (ירמיה

כה : ל חלק)

sagrado, su grito resuena profundamente sobre su morada ..."

סוּס אוֹמֵר .
כְּעֵינֵי עֲבָדִ֫ים אֶל־יַד
הִנֵּה אֲ֫דוֹנֵיהֶם כ, עֵינֵי
שִׁפְחָה אֶל־יַד גְּבִרְתָּ֫ה
כֵּן עֵינֵינוּ אֶל־יְהוָה
אֱלֹהֵ֫ינוּ עַד
שֶׁיְּחָנֵּנוּ: (תהלים קכג : ב)

El Caballo dice: " Sostén, como los ojos de los sirvientes a la mano de su amo, como los ojos de la sirvienta a la mano de su amante, así son nuestros ojos a DIOS nuestro *Dios* hasta que él favorezca nosotros "

פֶּרֶד אוֹמֵר .
יוֹדֽוּךָ יְהוָה
כָּל־מַלְכֵי־אָ֫רֶץ
כִּי שָׁמְעוּ
אִמְרֵי־פִֽיךָ: (תהלים

קלח : ד)

La Mula dice: "Todos los reyes de la tierra te reconocerán, DIOS, porque han escuchado los dichos de tu boca".

Hebreo	Ingles

חֲמוֹר אוֹמֵר.
לַיהוָה הַגְּדֻלָּה וְהַגְּבוּרָה
לְךָ וְהַתִּפְאֶרֶת וְהַנֵּצַח
וְהַהוֹד
כִּי-כֹל בַּשָּׁמַיִם וּבָאָרֶץ
לְךָ יְהוָה הַמַּמְלָכָה
וְהַמִּתְנַשֵּׂא לְכֹל |
לְרֹאשׁ: (דברי הימים
א , כט : יא)

El burro dice:
"Tuya, DIOS, es la grandeza, el poder, el esplendor, la victoria y la gloria,
para siempre en el cielo y la tierra [es tuyo];
Tuya, DIOS, es la realeza, y la exaltación sobre todo ".

שׁוֹר אוֹמֵר.
יָשִׁיר-מֹשֶׁה וּבְנֵי יִשְׂרָאֵל
אָז אֶת-הַשִּׁירָה הַזֹּאת
לַיהוָה
וַיֹּאמְרוּ לֵאמֹר אָשִׁירָה
לַיהוָה כִּי-גָאֹה גָּאָה
סוּס וְרֹכְבוֹ רָמָה
בַיָּם: (שמות טו : א)

El Buey dice:
"Entonces Moshé y los Hijos de Israel le cantaron esta canción a DIOS,
y dijeron: ' Todos canto a DIOS, porque él ha triunfado;
Ha arrojado al caballo y a su jinete al mar '"

Hebreo	Ingles

חַיּוֹת הַשָּׂדֶה אוֹמְרִים . בָּרוּךְ הַטּוֹב וְהַמֵּטִיב: (ברכות מח ב)

Los animales salvajes dicen: "Bienaventurado el que es bueno y otorga el bien"

צְבִי אוֹמֵר . וַאֲנִי | אָשִׁיר עֻזֶּךָ וַאֲרַנֵּן לַבֹּקֶר חַסְדֶּךָ כִּי־הָיִיתָ מִשְׂגָּב לִי וּמָנוֹס בְּיוֹם צַר־לִי: (תהלים נט : יז)

La Ga zelle dice: "Y cantaré de tu fuerza, me alegraré de tu bondad en la mañana, porque fuiste un refugio para mí y un escondite el día de mi opresión".

פִּיל אוֹמֵר . מַה־גָּדְלוּ מַעֲשֶׂיךָ יְהוָה מְאֹד עָמְקוּ מַחְשְׁבֹתֶיךָ: (תהלים צב : ו)

El Elefante está diciendo: "¡Cuán grandiosas son tus obras, DIOS! Tus pensamientos son tremendamente profundos "

Hebreo	Ingles

אַרְיֵה . אוֹמֵר
יְהֹוָה כַּגִּבּוֹר יֵצֵא כְּאִישׁ
מִלְחָמוֹת יָעִיר קִנְאָה
יָרִיעַ אַף־יַצְרִיחַ
עַל־אֹיְבָיו
יִתְגַּבָּר: (ישעיה מב : יג)

El　　　León　　dice:
"DIOS saldrá como un hombre　　　poderoso,
despertará celo; Él dirá,
incluso rugirá, prevalecerá
sobre sus enemigos. "

דֹּב . אוֹמֵר
מִדְבָּר וְעָרָיו חֲצֵרִים
יִשְׂאוּ
תֵּשֵׁב קֵדָר
יָרֹנּוּ יֹשְׁבֵי סֶלַע
מֵרֹאשׁ הָרִים יִצְוָחוּ:
יָשִׂימוּ לַיהֹוָה כָּבוֹד
וּתְהִלָּתוֹ בָּאִיִּים
יַגִּידוּ: (ישעיה מב : יא -
יב)

El　　　Oso　　dice:
"Dejen que el desierto y sus
ciudades levanten la voz,
el pueblo que habita
Kedar; que canten　　los
habitantes de las rocas, que
griten desde los picos de
las montañas. Que
den *kavod* a DIOS y que
hablen de sus alabanzas en
las　　　islas　　　"

Hebreo	Ingles

זְאֵב אוֹמֵר. עַל-שׁוֹר עַל-חֲמוֹר עַל-שֶׂה עַל-כָּל-דְּבַר-פֶּשַׁע עַל-שַׂלְמָה עַל-כָּל-אֲבֵדָה אֲשֶׁר יֹאמַר כִּי-הוּא זֶה עַד הָאֱלֹהִים יָבֹא דְּבַר-שְׁנֵיהֶם אֲשֶׁר יַרְשִׁיעֻן אֱלֹהִים יְשַׁלֵּם שְׁנַיִם לְרֵעֵהוּ: (שמות כב:ח)

El lobo dice: "Por cada asunto de iniquidad, por el buey, el burro, el cordero, la vestimenta, por cada artículo perdido sobre el que dice: 'Esto es', el asunto de ambos vendrá antes el juez; el que el juez declare culpable pagará el doble al otro "

שׁוּעָל אוֹמֵר. הוֹי בֹּנֶה בֵיתוֹ בְּלֹא-צֶדֶק וַעֲלִיּוֹתָיו בְּלֹא מִשְׁפָּט בְּרֵעֵהוּ יַעֲבֹד חִנָּם וּפֹעֲלוֹ לֹא יִתֶּן-לוֹ: (ירמיה כב:יג)

El zorro dice: "¡Ay del que construye su casa sin justicia y sus aposentos sin legalidad! que utiliza el servicio de su amigo sin sueldo, y no le da su salario "

45

Hebreo	Ingles

זַרְזִיר אוֹמֵר. רַנְּנוּ צַדִּיקִים בַּיהוָה לַיְשָׁרִים נָאוָה תְהִלָּה: (תה לים לג : א)

El Sabueso dice: "Que los justos se regocijen en DIOS, la alabanza corresponde a los rectos".

חָתוּל אוֹמֵר. אִם־תַּגְבִּיהַּ כַּנֶּשֶׁר וְאִם־בֵּין כּוֹכָבִים שִׂים קִנֶּךָ מִשָּׁם אוֹרִידְךָ נְאֻם־יְהוָה: (עובדיה א : ד)

El Gato dice: "Si te levantas como un buitre y colocas tu nido entre las estrellas, desde allí te derribaré, dice DIOS".

עַכְבָּר אוֹמֵר. אֲרוֹמִמְךָ יְהוָה כִּי דִלִּיתָנִי וְלֹא־שִׂמַּחְתָּ אֹיְבַי לִי:: (תהלים ל : ב)

Y el Ratón dice: "Te exaltaré, DIOS, porque me has empobrecido y no has dejado que mis enemigos se regocijen por mí".

Hebreo	Ingles

וּכְשֶׁמַּגִּיעוֹ אוֹמֵר
הֶחָתוּל . אֶרְדּוֹף אוֹיְבַי וְאַשִּׂיגֵם
וְלֹא־אָשׁוּב עַד־כַּלּוֹתָם : (תהלים
יח : לח)

Y cuando el gato lo atrapa, el gato dice: "He perseguido a mis enemigos y los he superado, y no regresé hasta que fueron destruidos".

וְהָעַ כְּבָר אוֹמֵר .
וְאַתָּה צַדִּיק עַל כָּל־הַבָּא עָלַי
כִּי־אֱמֶת עָשִׂיתָ וַאֲנִי הִרְשָׁעְתִּי : (הסתגלות
מ נחמיה ט : לג)

Y el Ratón reconoce: "Eres justo por todo lo que viene sobre mí, porque has actuado con sinceridad y he sido malvado".

פרק ששי   C APÍTULO SEIS

שְׁרָצִים אוֹמְרִים .
יִשְׂמַח יִשְׂרָאֵל בְּעֹשָׂיו

Las criaturas reptantes están diciendo:

47

| Hebreo | Ingles |

Hebreo	Español
יָגִילוּ בְּנֵי-צִיּוֹן בְמַלְכָּם: (תהלים קמט : ב) (נוסח אחר) יְהִי יְהֹוָה כב וד יְהֹוָה לְעוֹלָם יִשְׂמַח בְּמַעֲשָׂיו: (תהלים קד : לא)	"Que Yisra'el se regocije en el que lo hizo; que los hijos de Tsiyon estén alegres en su Rey ". otra versión: "Que el *kavod* de DIOS perdure para siempre; que DIOS se regocije en sus obras "
שֶׁבַּשְׁרָצִים אֵלִים אוֹמְרִים . אֶשְׁתְּךָ	כְּגֶפֶן פֹּ רִיָּה בְּיַרְכְּתֵי בֵּיתֶךָ בָּנֶיךָ כִּשְׁתִלֵי זֵיתִים סָבִיב לְשֻׁלְחָנֶךָ: (תהלים קכח : ג)	Las criaturas rastreras prolíficas dicen: "Tu esposa será como una enredadera fructífera en los recovecos de tu casa; a tus hijos les gustan los brotes de olivo alrededor de tu mesa ".
נָחָשׁ אוֹמֵר . סוֹמֵךְ יָה וָה	La Serpiente dice: "DIOS apoya a todos los

Hebreo	Ingles

לְכָל־הַנֹּפְלֵים
וְזוֹקֵף
לְכָל־הַכְּפוּפִים: (תהלים
קמה : יד)

caídos
y endereza todos los
doblados".

עֲקְרָב אוֹמֵר.
טוֹב־יְהוָה לַכֹּל
וְרַחֲמָיו
עַל־כָּל־מַעֲשָׂיו: (תהלים
קמה : ט)

El Escorpión dice:
"Yah es bueno para todos,
y su misericordia está sobre
toda su obra".

שַׁבְּלוּל אוֹמֵר.
כְּמוֹ שַׁבְּלוּל תֶּמֶס יַהֲלֹךְ
נֵפֶל אֵשֶׁת בַּל־חָזוּ
שָׁמֶשׁ: (תהלים נח : ט)

El Caracol dice:
"Al igual que el caracol que
se derrite,
el muerto de un lunar que
no ve el sol".

נְמָלָה אוֹמֶרֶת.
לֵךְ־אֶל־נְמָלָה עָצֵל
רְאֵה דְרָכֶיהָ

La hormiga dice:
«Ve a la hormiga, perezoso;
considera sus caminos y sé

49

Hebreo	Ingles
וַחֲכָם: (ספר משלי ו : ו)	sabio "
חֻלְדָּה אוֹמֶרֶת. כֹּל הַנְּשָׁמָה תְּהַלֵּל יָהּ הַלְלוּ ־יָהּ: (תהלים קנ : ו)	La Rata dice: "¡Que cada alma alabe a Yah, aleluya!"
כְּלָבִים אוֹמְרִים. בֹּאוּ נִשְׁתַּחֲוֶה וְנִכְרָעָה נִבְרְכָה לִפְנֵי־יְהוָה עֹשֵׂנוּ: (תהלים צה : ו)	Los perros dicen: "Vengan, adoremos y postrémonos ; arrodillémonos ante DIOS, nuestro Hacedor "
(ילקוט שמעוני פרשת בא רמז קפז) רַבִּי יְשַׁעְיָה תַּלְמִידוֹ שֶׁל רַבִּי חֲנִינָא בֶּן דּוֹסָא הִתְעַגָּה חָמֵשׁ וּשְׁמוֹנִים תַּעֲנִיוֹת. אָמַר כְּלָבִים שֶׁכָּתוּב בָּהֶם (ישעיה)	[Yalkut Shimoni, Bo 187:] Rabino Yeshayah, estudiante de Rabí Ḥanina ben Dosa, ayunó ochenta y cinco ayunos. Él dijo: " Perros, sobre los cuales está escrito, ' los

Hebreo	Ingles

נו : יא) וְהַכְּלָבִים עַזֵּי

נֶפֶשׁ לֹא יָדְעוּ

שָׂבְעָה , יִזְכּוּ לוֹמַר

שִׁירָה . לוֹ מַלְאָךְ מִן

עָנָה הַשָּׁמַיִם וְאָמַר לוֹ

יְשַׁעְיָה עַד מָתַי אַתָּה

מִתְעַנֶּה עַל זֶה ä דָּבָר

שְׁבוּעָה הִיא מִלִּפְנֵי

הַמָּקוֹם בָּרוּךְ הוּא מִיּוֹם

שֶׁגִּילָּה סוֹדוֹ לַחֲבַקּוּק

הַנָּבִיא לֹא גִלָּה דָבָר זֶה

לְשׁוּם בְּרִיאָה

בָּעוֹלָם . אֶלָּא בִּשְׁבִיל

שֶׁתַּלְמִידוֹ שֶׁל אָדָם

גָּדוֹל אַתָּה שְׁלָחוּנִי מִן

הַשָּׁמַיִם לְזַדְקֵק אֵלֶיךָ

לְהַגִּיד לְךָ בַּמֶּה זְכוּ

הַכְּלָבִים לוֹמַר שֶׁיִּלָּבִים

לוֹמַר . לְפִי שֶׁכָּתוּב

בָּהֶם (שמות יא : ז) וּלְכֹל

בְּנֵי יִשְׂרָאֵל לֹא יֶחֱרַ_ץ

perros son descarados de espíritu; el y no saben satisfacción' ~ se merecen una canción que dice"Un ángel le respondió desde el cielo y le dijo,"Yeshayah, Hasta cuándo rápida sobre esto? Es un juramento del bendito Santo; Desde el día en que reveló su secreto a Havak, el profeta, no ha revelado este asunto a nadie en el mundo. Pero como eres estudiante de un gran hombre, he sido enviado del cielo para ayudarte. Dijeron que los perros han escrito sobre ellos: "Ningún perro afiló su lengua contra ninguno de los hijos de Yisra'el" . Además,

51

Hebreo	Ingles

כֻּלָּב לְשׁוֹנוּ . וְל'א עוֹד
אֶלָּא שֶׁזָּכוּ לְעַבֵּד עוֹרוֹת
מְצוֹאָתָם שֶׁכּוֹתְבִים
בָּהֶם תְּפִילִין וּמְזוּזוֹת
וְסִפְרֵי תּוֹרָה . עַל כֵּן
זָכוּ לוֹמַר
שִׁירָה . וּלְעִנְיָן הַשְּׁאֵלָה
שֶׁשָּׁאַלְתָּ חֲזוֹר לַאֲחֹרֶיךָ
וְאַל תּוֹסִיף בַּדָּבָר הַזֶּה
עוֹד , כְּמוֹ
שֶׁכָּת וּב (משלי
כא : כג) שׁוֹמֵר פִּיו
וּלְשׁוֹנוּ שׁוֹמֵר מִצָּרוֹת
נַפְשׁוֹ .

merecían que las pieles se curtieran con su excremento, en el que están escritos los rollos de Tefilín, Mezuzot y Torá. Por esta razón, merecieron decir una canción. Y con respecto a lo que pediste, retoma tu palabra y no continúes de esta manera, como está escrito: "El que guarda su boca y lengua, protege de las aflicciones de su alma".

YaHWéH לְעוֹלָם אָמֵן
בָּרוּךְ וְאָמֵן:
בָּרוּךְ YaHWéH מִצִּיּוֹן
שׁוֹכֵן יְרוּשָׁלַיִם הַלְלוּיָהּ:
בָּרוּךְ YaHWéH
אֱלֹהִים אֱלֹהֵי יִשְׂרָאֵל

Bendito sea DIOS para siempre, Amén y Amén. Bendito sea DIOS de Tsiyon, Morador en Jerusalén, ¡alabado sea Yah! Bienaventurado DIOS

Hebreo	Ingles
עֹשֶׂה נִפְלָאוֹת לְבַדּוֹ: וּבָרוּךְ שֵׁם כְּבוֹדוֹ לְעוֹלָם וְיִמָּלֵא כְבוֹדוֹ אֶת כָּל הָאָרֶץ אָמֵן וְאָמֵן:	Elohim, elo 'ah de Yisra'el, trabajador de maravillas solo. Y bendito es el Nombre de su *ka vod*, y su *kavod* debe llenar toda la tierra, Amén y Amén.

www.ingramcontent.com/pod-product-compliance
Lightning Source LLC
Chambersburg PA
CBHW071112220526
45467CB00004B/1838